rororo

*Nachdem sie in ihrem erfolgreichen Buch «Wir müssen den Kindern mehr Deutsch lernen» Politikern und Promis genau zugehört und deren spaßigste Zitate gesammelt hat, widmet sich Jule Philippi in diesem Bändchen nun ausschließlich den verbalen Perlen unserer Kanzlerin. Sprüche wie «Ich glaube, es ist unübersehbar, dass ich eine Frau bin» oder «Frauen sind auch Menschen» machen Angela Merkels Reden zu kleinen Glanzlichtern im politischen Einerlei – und bereiten uns große Freude.*

*Die Autorin*
*Jule Philippi ist Linguistin und lebt in Hamburg.*

*Jule Philippi*

# Heimatliebe ist mehr als eine Spreewaldgurke

## *Weisheiten unserer Kanzlerin*

*Rowohlt Taschenbuch Verlag*

Originalausgabe
Veröffentlicht im Rowohlt Taschenbuch Verlag,
Reinbek bei Hamburg, November 2006

Umschlaggestaltung ZERO Werbeagentur, München
(Bildnachweis: © FinePic, München
unter Verwendung einer Maske der Firma Krautwurst)
Abbildungen im Innenteil Picture Alliance
Innentypografie und Collagen Daniel Sauthoff
Satz Eplica, Tarzana und Cooper Black PostScript, InDesign
Druck und Bindung Clausen & Bosse, Leck
Printed in Germany
ISBN 13: 978 3 499 62217 5
ISBN 10: 3 499 62217 3

# Inhalt

*Vom Glück, eine Kanzlerin zu haben* 7

**1. Angela – die Staatsfrau** 9

*Parteiliches – die CDU* 9
*Parteiliches – die anderen* 12
*Politisches* 14
*Kollegiales* 22
*Wählerisches* 28
*Wirtschaftliches* 32

**2. Der Mensch Angela** 36

*Christliches* 36
*Hausfräuliches* 39
*Weibliches* 40
*Familiäres* 43
*Persönliches* 44
*Menschliches* 54

**3. Tugenden einer Kanzlerin** 56

*Gewalttätiges* 56
*Philosophisches* 58
*Musikalisches* 62
*Nützliches* 63
*Kommunikatives* 66
*Sportliches* 68

**4. Was Angela sonst noch zu sagen hat ...** 71

***Kurioses*** 71

***Deutsches*** 73

***Fragliches*** 76

***Tierisches*** 77

***Zeitliches*** 80

***Territoriales*** 82

**5. Bonusmaterial: Das sagen Angelas Kollegen** 83

# Vom Glück, eine Kanzlerin zu haben

*Es gab einmal eine Zeit, da waren Politiker Respektspersonen. Das war, als es noch kein Radio, kein Fernsehen und kein Internet gab. Wenn Staatsmänner ihre Ansprachen hielten, konnte man diese am nächsten Tag in der Zeitung nachlesen. Redigiert, korrigiert und von allen Versprechern und Stilblüten bereinigt. Die Zitate der Politiker, die in die Geschichte eingingen, waren zumeist kluge Aussprüche und elegante Bonmots. Einige waren politisch nicht korrekt – aber dem Zeitgeist entsprechend.*

*Diese Ära ist nun endgültig vorbei. Heute sind wir durch mediale Unterstützung bei allen Parlamentsdebatten, allen Parteitagen live dabei. Wir hören, was unsere Volksvertreter wirklich sagen – und wissen deshalb auch, dass Politiker nicht immer weise sind. Dass sie – wie wir auch – zuweilen unkonzentriert, unausgeschlafen, nicht bei der Sache sind. Und dass politische Reden nicht immer klug sind, sondern tatsächlich auch komisch sein können.*
*Der erste, unfreiwillige Komiker der politischen Zunft war Bundespräsident a. D. Heinrich Lübke. Als die Zeitschrift «Pardon» seine lustigsten Zitate («Die Leute müssen ja auch mal lernen, dass sie sauber werden») auf einer Langspielplatte veröffentli-*

*chte, wurde diese bald zum Klassiker. Lübke fand in Helmut Kohl einen würdigen Nachfolger. Über seine Aussprüche wie «Entscheidend ist, was hinten rauskommt» lachen wir noch immer.*

*Heute werden wir von Angela Merkel regiert. Auch in ihren Reden finden wir verbale Ausrutscher, die bereits Legende sind – und das nicht erst, seit sie Kanzlerin ist. Schon in ihrer Zeit als Oppositionsführerin galt ein Merkel als Einheit für den kleinstmöglichen Abstand zwischen zwei Fettnäpfchen.*

*«Angela Merkel zitiere ich ja am liebsten wörtlich, ich hab noch keine bessere Möglichkeit gefunden, diese Frau zu beleidigen», lästert der Kabarettist Volker Pispers. Ich habe nicht vor, Frau Merkel zu beleidigen. Wieso sollte ich das auch tun? Denn natürlich ist sie nicht die Einzige, die Stilblüten produziert. Das passiert auch Stoiber, Müntefering, Köhler und anderen Politikern. Etwa, wenn sie über ihre Kollegen sprechen.*

*Hoffen wir, dass Frau Merkel noch lange Zeit im Amt bleibt, damit wir noch viele solcher Sprüche zu hören bekommen.*

*Jule Philippi*

# 1. Angela – die Staatsfrau

## Parteiliches – die CDU

*«Das C in unserem Namen, das ist unser Schatz.»*

*«Es ist gut, dass es uns gibt.»*

*«Wir waren immer sprechfähig.»*

*«Wir werden in allem, was wir sagen, versuchen, so präzise zu sein wie irgend möglich.»*

*«Sie und wir alle – bei uns in der CDU/CSU-Fraktion sind die Diskussionen doch nicht anders – müssen miteinander überlegen, was sinnvoll ist und was nicht sinnvoll ist.»*

*«Es gibt keine Personaldiskussion in der CDU, und deshalb wird sie jetzt auch sofort eingestellt.»*

*«Natürlich können wir rechnen.»*

*«Unser guter Wille ist da. Was uns Vorteile bringt, werden wir mitmachen.»*

*«Wir arbeiten noch nicht an einem Besuchsprogramm, sondern an einem Regierungsprogramm.»*

*«Die CDU ist die CDU.»*

*«Es ist ein guter Tag für die Christlich Demokratische Union, und es ist auch ein guter Tag für die Union insgesamt.»*

*«Wir sind zwar großzügig, gutmütig, aber völlig dumm sind wir auch nicht.»*

*«Die Partei muss laufen lernen.»*

*«Wir sind verpflichtet, gemeinsam Erfolg zu haben.»*

# Parteiliches – die anderen

*«Wenn die Linke und die FDP - ich meine natürlich CDU und FDP - keine Mehrheit bekommen, dann wird es keine Große Koalition geben, sondern mit Sicherheit Rot-Rot-Grün.»*

*«SPD und Union sind bei Strafe ihrer eigenen Schwächung darauf angewiesen, diese Koalition zu einem Erfolg zu führen.»*

*«Weil die Regierungsarbeit und die Zerstrittenheit der Opposition - weil die Zerstrittenheit - Entschuldigung - weil die Zerstrittenheit der Regierung von der Opp... Sie sind aber wirklich ... Sie sind aber wirklich einfach zu befriedigen!»*

*«Diese Parteiergreifung erfolgt zurzeit für den Kandidaten der Opposition.»*

*«Jetzt im Augenblick ist bei Rot-Grün ja mehr Friedhofsruhe, weil keiner mehr sich traut, miff und maff zu sagen.»*

*«Wir werden sieben Jahre Rot-Grün nicht an einem Tag ungeschehen machen können.»*

*«... um unserem Land monatelange quälende Auseinandersetzung aus Gründen rot-grüner Handlungsfähigkeit zu ersparen.»*

*«Wir haben uns hier – äh – wirklich viel Arbeit unterzogen.»*

*«Deshalb werde ich das als eine wichtige und auch strategische Aufgabe sehen. Die Spielräume sind noch nicht ausgeschöpft.»*

*«Wir sind die konstruktivste Opposition, die es jemals in der Geschichte der Bundesrepublik Deutschland gegeben hat.»*

*«Unser Hauptangriffspartner sind die Sozialdemokraten.»*

*«Wir können und werden diesen Maßnahmen nicht die Hand reichen, weil die Bundesregierung ganz allein für das verantwortlich ist, was den Rentnern zugemutet wird.»*

(über die Ablehnung der SPD-Rentenpläne durch die Union)

*«Wir werden die Öko-Steuer beibehalten, denn wir können die Rentnerinnen und Rentner nicht im Regen stehen lassen.»*

*«Ihr Kabinett kommt insgesamt auf 800 Jahre. So alt waren Aufbruch und Erneuerung selten.»*

*«Deshalb handelt es sich hier um eine strittige, außerordentlich strittige, wichtige politische Auseinandersetzung. Ich habe in den letzten 48 Stunden sehr viel darüber nachgedacht.»*

*«Um Politik und Handeln anderer Nationen zu beeinflussen und den Interessen und Werten der eigenen Nation zu dienen, müssen wir alle Mittel in Betracht ziehen … von freundlichen Worten bis zu Marschflugkörpern.»*

*«Die Politik muss sich mit dem, was geschieht, auseinandersetzen.»*

*«Es muss endlich wieder das passieren, was die Politik sagt, und das muss auch umgesetzt werden.»*

*«Dieses Land braucht Politik aus einem Guss.»*

*«Ich finde auch, dass die Grünen im Augenblick eine etwas fast verlogene Politik machen.»*

*«Politik ist keine karitative Veranstaltung.»*

*«Das heißt, ich bin sehr froh, dass die Außenministerin auch hier noch einmal wiederholt hat, dass, wenn solche Fehler passieren, das natürlich umgehend korrigiert werden muss.»*

*«Mit meinen Worten heißt: Eine Supermacht kann es nicht alleine.»*

*«Wir wollen einen europäischen Außenminister installieren.»*

*«Der deutsch-französische Vertrag hat sich mehr als Rose denn als junges Mädchen erwiesen.»*

*«Ich fordere Sie nachdrücklich zu einer Politik auf, bei der jeder Bauarbeiter in Deutschland gleich viel wert ist.»*

*«Ich hoffe, er wird nicht nur für die süddeutschen Bauern da sein, sondern für alle Bauern in Deutschland.»*

*«Ich weiß, wie Regieren funktioniert.»*

*«Ich will, dass es in Deutschland klare Mehrheitsverhältnisse gibt, um einmal zwischen Bundestag und Bundesrat durchzuregieren.»*

*«Je schärfer man die Parteispendengesetze fasst, desto schwerer ist es ja, sich daran zu halten.»*

*«Wir müssen uns vor Augen führen, was es bedeutet, wenn wir über Globalisierung reden. Damit verbietet sich die Festung Europa! Damit verbietet es sich, dass wir uns in einen Raum begeben, in dem wir uns abschotten und anderen etwas nicht gönnen.»*

*«Die Kommunen sind zugunsten des Bundeshaushaltes gemolken worden.»*

*«Ich glaube, dass wir Schritt für Schritt denken sollten und vor allen Dingen Zeichen setzen müssen.»*

*«Jeder Weg beginnt mit einem ersten Schritt. Sie werden sehen, wie viel Freude es macht, wenn man Schritt für Schritt vorangeht.»*

*«Jetzt ist der Schritt, der auf dem Tisch liegt, das Regierungsprogramm.»*

*«Sie verschleiern Stillstand dadurch, dass Sie sich einfach einmal im Kreise drehen. Ich kann nicht sagen, dass dies ein grandioser Schritt in die richtige Richtung ist.»*

*«Ja, viele werden sagen, diese Koalition, die geht ja viele kleine Schritte und nicht den einen großen. Und ich sage Ihnen: Genau so machen wir das.»*

*«Deutschland und Frankreich dürfen diese Motorenfunktion nicht dazu benutzen, andere vor den Kopf zu stoßen.»*

# Kollegiales

*«Wir werden beide ein gutes Team sein.»*

*«Herr Struck, Sie müssen einfach wissen, dass ich, je lauter Sie schreien, umso mehr recht habe.»*

*«Sie [Kohl, Genscher, Waigel, Schäuble] sind mit klaren Schritten auf unsere transatlantischen Partner, auf unsere Nachbarn und insbesondere auf die Sowjetunion zugegangen.»*

*«Ein Handkuss vom französischen Präsidenten ist natürlich sehr angenehm.»*

*«Wenn Sie Kirschkuchen brauchen, backen Sie ihn selbst! Wir essen dann gerne mit, Herr Bundeskanzler.»*

*«Wir brauchen ihn zum Denken.»*
(über Wolfgang Schäuble)

*«Herr Bundeskanzler, wenn Sie dieser Meinung ehrlich sind, dann werden Sie Deutschland in den Untergang führen, das sage ich Ihnen ganz schwarz auf weiß!»*

*«Lieber Herr Müntefering, Einsichten sind immer gut.»*

*«Die Grünen sind glücklich mit der SPD. Es gibt keinen Grund, ihnen auch noch zu schmeicheln.»*

*«Deshalb, lieber Herr Hundt, sind Ihre kreativen Wortspiele, die satirischen Charakter haben sollen, aus meiner Sicht dem Ernst der Lage nicht ganz angemessen.»*

*«Ich habe den Eindruck, dass der Bundeskanzler sich langsam zu einer Gefahr für die Bundesrepublik Deutschland und das gesamte historische Erbe entwickelt.»*

*«Der Superminister Clement wird zum Super-GAU für Deutschland.»*

*«Wir werden Schröder das Fürchten lernen.»*

*«Die Welt ist ein Stück kompliziert geworden, aber Politiker sind dazu da, komplizierte Aufgaben auch zu meistern.»*

*«Volker Kauder kennt die Partei wie seine Westentasche, so er eine Weste trägt.»*

*«Dass der Bundeskanzler so spricht, wie er spricht, das wiederum spricht für sich. Es hätte ja nun jeden gewundert, wenn der Bundeskanzler anders gesprochen hätte, aber dass er überhaupt so sprechen muss, spricht für mich für sich.»*

*«Im Übrigen brauchen wir auch Politiker, die sich an etwas erinnern können.»*

*«Über Edmund Stoiber und seine Rolle haben wir gemeinsam jeder für sich alleine oft gesprochen.»*

*«Stoiber, Stoibera, Stoiberu, Stoibera, Stoiberom, Stoiberje.»*

(auf die Frage, ob sie den Namen Stoiber deklinieren könne)

*«Was Edmund Stoiber anbelangt, so hat er selbst zu diesem Thema alles gesagt, und das wird von mir respektiert.»*

*«Die Leute spüren, dass es da jemandem ernst ist, etwas Neues zu wagen. Sie finden es toll, dass ein anerkannt hochbegabter Fachmann wie Paul Kirchhof aus dem zähen Geflecht der täglichen Kompromisssuche herausragt wie ein Leuchtturm.»*

*«Der Bundeskanzler ist irgendwo in der Luft, der Bundeswirtschaftsminister dreht sich wie ein Hamster im Laufrad, und die Opposition muss dafür sorgen, dass diese Debatte irgendein Niveau bekommt.»*

*«Und jetzt lassen Sie mich zum Schluss kommen und schreien Sie nicht so!»*

*«Sie wissen doch, dass Ihre Kollegen von der Friedrich-Ebert-Stiftung genauso wie die von der Konrad-Adenauer-Stiftung und der Heinrich-Böll-Stiftung alle Hände voll damit zu tun haben, zu verhindern, dass sie nicht jahrzehntelang ins Gefängnis müssen.»*

## Wählerisches

*«Manch einer hat vielleicht auch eine politische Entscheidung getroffen, nicht zur Wahl zu gehen. Das muss einen nicht freuen, aber äm, äh, die pauschale äm Stimmung jetzt, darin ein einziges Drama zu sehen, die teile ich nicht.»*

*«Lassen Sie uns die Roten jagen.»*

*«Wie tief muss man sinken und wie verhöhnt man im Grunde auch die Wähler?»*

*«Es geht nicht um einen Schönheitspreis. Es geht um Mehrheiten.»*

*«Ich will schon ein Duell, damit wir mal austauschen können, was die Argumente sind.»*

*«Da ich heute zu keinen Einzelheiten unseres Programms Stellung nehmen werde, werde ich auch jetzt dazu nicht Stellung nehmen.»*

*«Die Wahlkämpfer gehen motiviert in die anstehende Auseinandersetzung, aber nicht übermäßig. Das wäre auch ganz falsch.»*

*«Rot-Grün kann unser Land nicht mehr regieren, die PDS darf unser Land nicht regieren, CDU/ CSU gemeinsam mit der SPD ...»*

*Reporter: «Frau Merkel, wie finden Sie es, dass Sie die einmalige Chance haben, die erste deutsche Bundeskanzlerin zu werden?»*
*Merkel: «Das lässt mich kalt!»*

*«Nach der Wahl ist jedes Mal auch vor der Wahl.»*

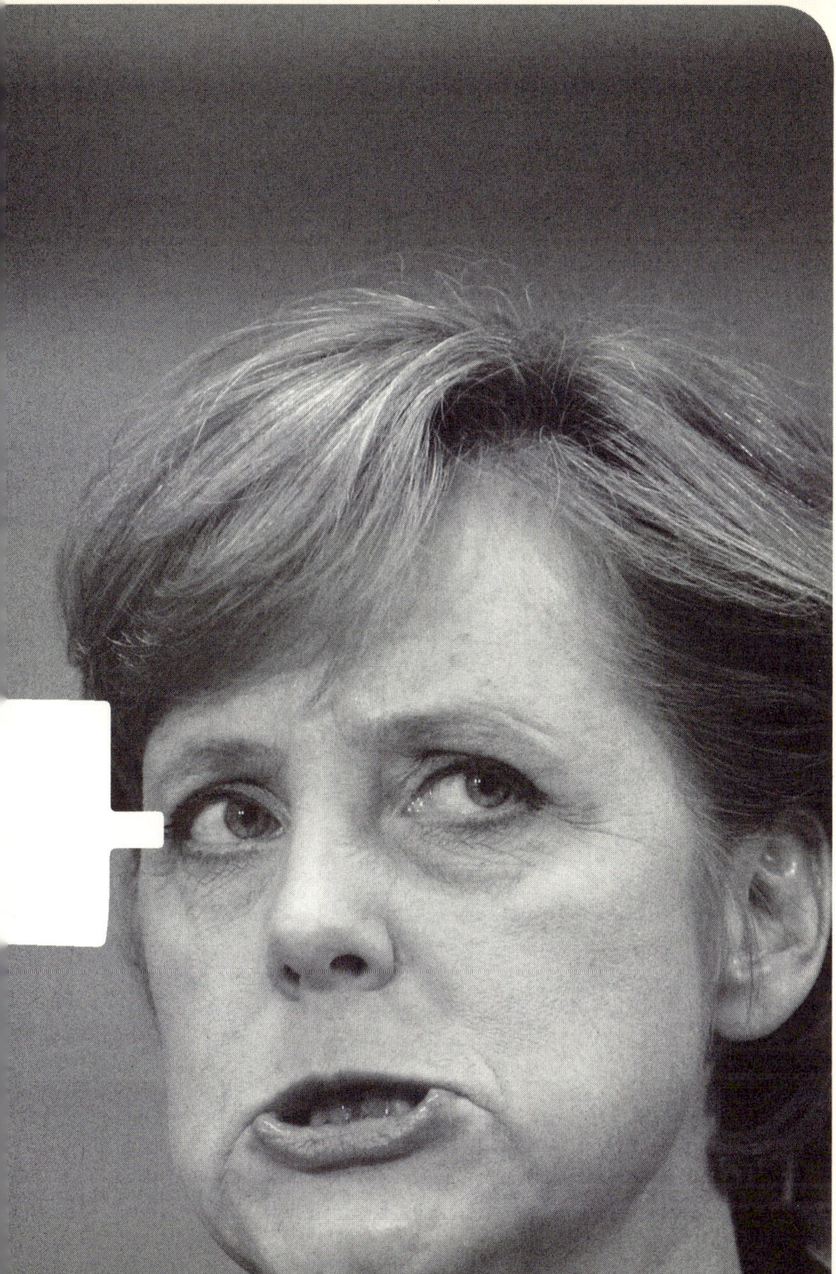

# Wirtschaftliches

*«Natürlich hängen in einer globalen Wirtschaftsgesellschaft alle Prozesse mit allen zusammen, meine Damen und Herren.»*

*«Und jetzt haben wir gesagt, Mehrwertsteuer hoch, um damit die soziale Sicherung zu ermöglichen.»*

*«Mit dem Niedriglohnsektor werden wir unseren Lebensstandard nicht halten.»*

*«Das ist nicht mein Wortschatz. Insgesamt brauchen wir Gewerkschaften, und wir brauchen vor allem Betriebsräte.»*

*«Jetzt hat man statt fünf nur noch fünf befristete Arbeitnehmer.»*

*«Sie sind keine Regierung der Erneuerung, sondern eine Regierung der Verteuerung.»*

*«Vorfahrt für Arbeit ist Vorfahrt für Arbeit.»*

*«Ich kann mich nicht mit Auswüchsen am Kapitalmarkt zufrieden geben.»*

*«Wir sollten davon Abstand nehmen, jetzt sektoral zu arbeiten – beim Handwerk so und bei anderen so.»*

*«Ich kann mich ja nun auch aller meiner Zitate gut erinnern. Wir haben immer gesagt, Steuererhöhungen sind Gift. Es handelt sich hier auch um keine simple Steuererhöhung.»*

(über die Erhöhung der Mehrwertsteuer)

*«Das bedeutet für die Arbeitnehmer ein Prozent mehr Bruttolohn.»*

(zur geplanten Absenkung der Arbeitslosenversicherung)

*«Noch ist kein einziger Arbeitsplatz entstanden, und schon wird die nächste Steuer erhöht.»*

*«Wir sind am Anfang von Reformen, nicht am Ende!»*

*«Deshalb sollten Sie nicht den Weg gehen, den Kommunen Geld für die bessere Vereinbarkeit von Beruf und Familie und für die Betreuung sozusagen mit der Gießkanne zu geben.»*

*«Der interessante Effekt, den wir jetzt haben, ist ja, dass für alle Arbeitnehmerinnen und Arbeitnehmer – und für die gilt ja die Riester-Rente – die Bruttolöhne um ein Prozent sinken, wenn wir die Lohnzusatzkosten senken.»*

*«Es besteht überhaupt kein Zweifel, dass das Datum 2000 uns besonders dazu anregen sollte, dass wir uns über diesen Haushalt Gedanken machen.»*

*«Wissen Sie, die da schreien, haben meist nichts mitgekriegt in der Schule. Das hilft aber nichts, von solchen Leuten können wir nicht leben, meine Damen und Herren. Die verdienen kein Geld.»*

*«Aber ich verspreche Ihnen: Sollten Sie sich besinnen, sollten Sie neben all dem Addieren und Subtrahieren versuchen, vor den wirklichen Herausforderungen der Zukunft zu bestehen, dann werden wir Sie tatkräftig unterstützen.»*

# 2. Der Mensch Angela

## Christliches

*«Wer auf den Marktplatz von Goslar gehen muss, der versündigt sich an der Gemeinschaft, der wir uns verpflichtet fühlen.»*

*«Es ist Teil unseres christlichen Menschenbildes, dass die Gesundheit jedes einzelnen Menschen, ob Sekretärin oder Chef, gleich viel wert ist. Deshalb sind die Kosten, die für die Gesundheit der Sekretärin oder des Chefs anfallen, gleich hoch.»*

*«Das christliche Menschenbild ist eine Absage an jegliche Ideologie.»*

*«Da müssen wir gemeinsam demütig sein.»*

*«Menschliches Leben beginnt mit der Verschmelzung von Ei- und Samenzelle. Das ist für mich in der christlichen Verantwortung vor Gott begründet.»*

# Hausfräuliches

*«Das kennt doch jede Hausfrau, dass mal etwas Backpulver danebengeht.»*

*«Vor lauter Globalisierung und Computerisierung dürfen die schönen Dinge des Lebens wie Kartoffeln oder Eintopf kochen nicht zu kurz kommen.»*

*«Jede Hausfrau kennt das: Es gibt so Tätigkeiten wie Kartoffelschälen, die man einfach so macht und bei denen man wunderbar denken kann … Doch dazu gehören auch die Tüftelstunden, in denen ich oft hin und her überlege, und dann wird entschieden … Ich gehe dabei gerne auf und ab – gut geht es auch beim Kochen.»*

# Weibliches

*«Ein Bundeskanzler, auch wenn er weiblich ist, hat natürlich die Richtlinienkompetenz.»*

*«Ich war mein Leben lang eine Frau.»*

*«Es ist von Vorteil, dass die Art, wie man Frauen angreift, überlegt sein muss. Man kann nicht so holzen.»*

*«Solange sie nicht in den Führungspositionen der Medien, der politischen Parteien, der Interessenverbände, der Wirtschaft und der sozialen Bereiche vertreten sind; solange sie nicht zu den Modeschöpfern und Spitzenköchen gehören – so lange werden Leitlinien eben von Männern festgelegt.»*

*«Frauen sind auch Menschen.»*

*«Der Geschlechterunterschied wird natürlich wahrgenommen, aber am Ende zählen Kompetenzzuordnungen.»*

*«Deshalb sage ich, und ich sag das auch als Frau.»*

*«Also, ich möchte ja nun nicht, dass die Tatsache, dass ich eine Frau bin und aus dem früher anderen Teil Deutschlands komme, dass diese Politik nun etwa dazu führen würde, dass ich alles anders mache, nur damit es anders wird.»*

*«Frauen sind wie Teebeutel. Du weißt nicht, wie stark sie sind, bis du sie ins heiße Wasser tauchst.»*

*«Also erst mal Frauenhöhe, dann können wir nachher Männerhöhe machen.»*

*«Sie werden von meiner Frauenpolitik enttäuscht sein. Ich bin in der CDU.»*

*«Ich glaube, es ist ja unübersehbar, dass ich eine Frau bin …»*

*«Ich kenne mich ja nur als Frau.»*

*«… und insofern glaube ich, dass ich meine Sache auch gut machen möchte aus der Dimension des Frauseins heraus.»*

*«Wer hätte gedacht, dass das höchste Regierungsamt schon in diesem Jahr einer Frau übertragen wird?»*

*«Meine Karriere habe ich zum Teil nur deshalb gemacht, weil ich eine Frau bin und damals gerade eine Frau gebraucht wurde.»*

*«Ich versuche einen kollegialen Stil, vielleicht ist das unter dem Strich eher ein weiblicher Stil.»*

# Familiäres

*«Wer sein Ehebild lediglich aus den Fernsehsendungen und Werbespots bezieht, der wird schon kurz nach der Hochzeit bitterlich enttäuscht sein.»*

*«Zehn Monate der Vater, zwei Monate die Mutter … ja ja, ich weiß: ein Scherz.»*

*«Ich gehöre zu dem Typ Mensch, der schon im Sport die gesamte Unterrichtsstunde auf dem Dreimeterbrett gestanden hat und erst in der 45. Minute gesprungen ist.»*

*«Wenn ich ein Produkt von etwas bin, dann bin ich ein politisches Produkt der deutschen Einheit, und darauf bin ich stolz. Ansonsten bin ich ein Produkt meiner Eltern.»*

*«Edmund Stoiber und ich sind auch Menschen mit Herz.»*

*«Ich glaube, dass ich eine Kombination von beidem [Herz und Verstand. Anm. d. Autorin] habe. Ich kann sehr abstrakt denken, aber im Umgang mit anderen Menschen spielen auch Gefühle eine große Rolle.»*

*«Ich wollte als Kind so gerne Eiskunstläuferin werden. Das ist heute vorbei.»*

*«Man kann vieles schaffen als Kind. Man kann Freundschaften schließen, man kann Vorurteile abbauen, man kann Ängste abbauen. Ich zum Beispiel hab immer als Kind Angst gehabt, von einem Dreimeterbrett zu springen. Ins Wasser.»*

*«Ich kann Ihnen beschreiben, dass ich die Stimmung habe, dass ich natürlich möchte, dass wir zu einer gemeinsamen Lösung kommen.»*

*«Ich würde nicht lebenslang vom Gleichen das Gleiche kaufen.»*

*«Ich möchte erst einmal dazu beitragen, dass meine Äußerungen hilfreich sind.»*

*«Ich schaue meistens in die Zukunft, und das tue ich auch jetzt in diesen Tagen gerade.»*

*«Da ich weiß, dass das etwas ganz Wichtiges ist, muss ich natürlich auch erst lernen, dass ich alles richtig mache. Also wir sind gegenseitig aufgeregt.»*

*«Die heilige Barbara starb den Märtyrertod. Ich hoffe, dass mir das erspart bleibt.»*

*«Ich kann überhaupt über nichts sprechen, worüber noch nicht gesprochen wurde.»*

*«Es ist nicht so, dass ich nicht über alles nachdenke …»*

*«Beim Lesen des Briefes kann ich meine Gedanken nicht ausschalten, also denke ich darüber nach.»*

*«Es ist ein gutes Gefühl, wenn ich von vielen positiv beguckt werde.»*

*«Ich war mit Michael Glos zu einem schönen Abendessen zusammen, und das war wunderbar.»*

*«Ich habe einen lang gehegten Plan.»*

*«Früher wollte ich immer Dinge tun, die ich nicht konnte. Das ist heute anders.»*

*«Man hat da schon so viele Geburtstage hinter sich, wo man die großen Schwüre gemacht hat, dass man ein ganz anderer Mensch wird. Das möchte ich nicht mehr, weil ich inzwischen mich so, wie ich bin, akzeptiere.»*

*«Mein Leitmotiv: Wer nicht rackert, verdummt!»*

*«Es ist auch sehr wünschenswert, dass sich jeder einmal selbst ausprobiert; das sage ich ganz persönlich.»*

*«Ich glaube nicht an den Weihnachtsmann.»*

*«Ich kann den ‹Stern›-Lesern mitteilen, dass ich mich wütend aufregen wie auch herzlich lachen kann. Ich bin ein fröhlicher Mensch und werde gerne daran arbeiten, ein noch fröhlicherer Mensch zu werden.»*

*«Ich habe gewisse kamelartige Eigenschaften.»*

*«Ich verspreche nichts Falsches.»*

*«Also meine Methode ist, möglichst wenig zu reden.»*

*«Ich surfe auch gerne mal drauflos.»*

*«Wenn ich viele Entscheidungen getroffen habe, bin ich abends regelrecht stumm.»*

*«Deshalb versuche ich darauf zu achten, dass man nicht zum Schluss gar nichts mehr kann.»*

*«Wenn man im Fernsehen so guckt wie ich des Öfteren, dann überzeugt das nicht.»*

*«Erstens habe ich die Einschätzung, die da über mich verbreitet wird, sowieso noch nie geteilt, und zweitens kann ich da keine Veränderung feststellen.»*

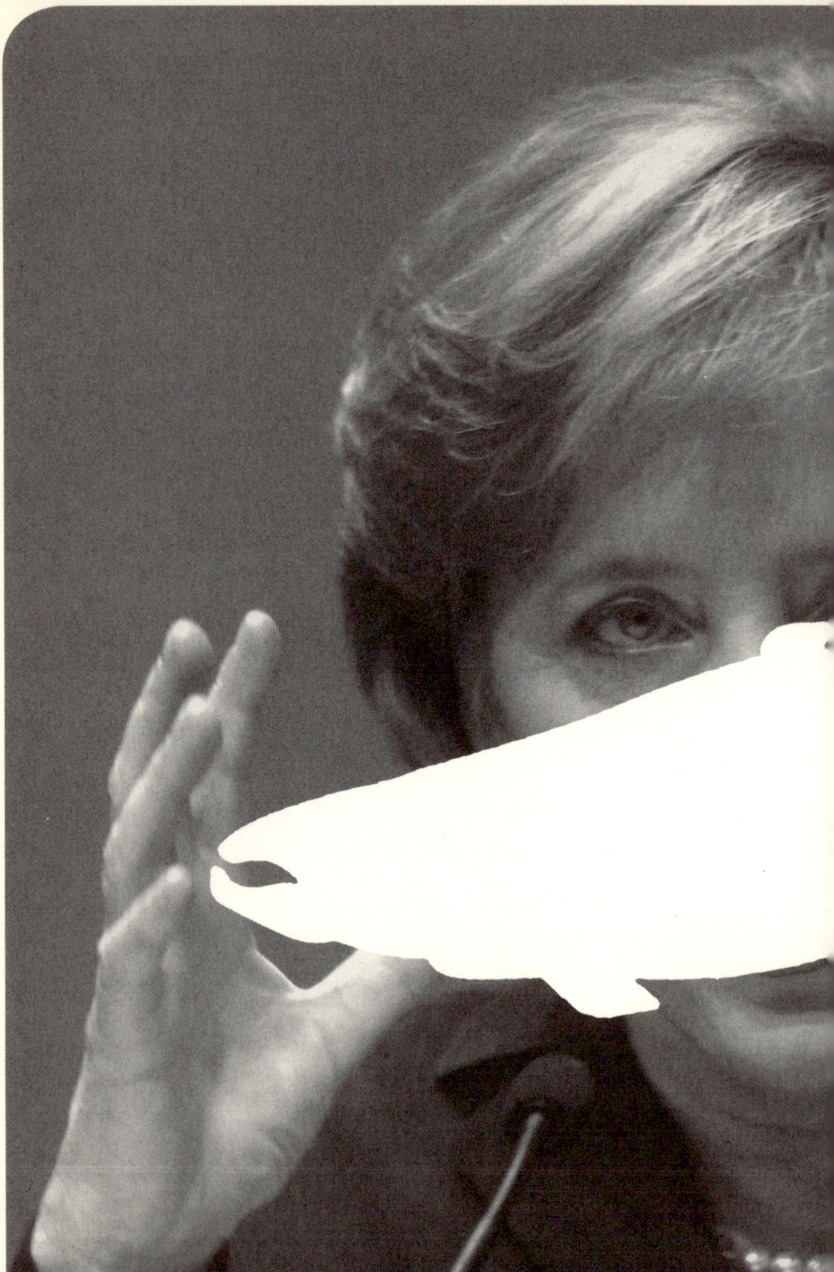

*«Ich bemühe mich in meiner politischen Arbeit sehr, diejenigen zu belobigen, die schlechte Botschaften überbringen, die mir also mal die Meinung sagen.»*

*«Da ich in Brandenburg aufgewachsen bin, bin ich auch der festen Überzeugung, dass die Brandenburger nicht blöder sind als die Sachsen.»*

*«Warum haben wir so wenig Kinder? Ich kümmere mich darum, und ich finde dabei viel Unterstützung.»*

*«Ich hoffe nicht, dass ich in dieser Angelegenheit mein Vorstellungsvermögen allzu sehr erweitern muss.»*

*«Ich könnte Ihnen auch meinen vierseitigen Jammerkatalog anführen.»*

*«Allein dass ich im Winter selten einen Mantel brauche, daran merkt man, dass es ein unnormales Leben ist.»*

*«Ich habe eine klare Vorstellung, wie ich als Bundeskanzlerin vieles besser machen würde.»*

# Menschliches

*«Selbständige Menschen machen selbständige Äußerungen, und deshalb ist es absoluter Unsinn, was da behauptet wird, und äh, ja, was soll ich dazu weiter sagen, also ich kann die Berichte nicht bestätigen.»*

*«Wir dürfen den Menschen nicht vormachen, dass die notwendige gesellschaftliche Umgestaltung nur in homöopathischen Dosen möglich ist.»*

*«Ich bin eine Menschenversteherin.»*

*«Wir sollten den Menschen ehrlichen Wein einschenken, nicht ihnen Sand in die Augen streuen.»*

*«Die Menschen sind erschüttert und auch völlig verunsichert davon, dass jeden Tag neue Vorschläge auf den Tisch kommen.»*

*«Die Menschen erwarten keine starre, ruhige Hand, sondern sie erwarten von Ihnen zwei Hände, die kräftig zupacken und die Probleme dieses Landes lösen.»*

*«Ich arbeite gern mit Menschen zusammen, die eine Meinung haben.»*

*«Wir spüren, dass die Menschen elektrisiert sind von dem Gedanken eines Wechsels.»*

*«Die Menschen sind verschieden geboren, das ist vom Herrgott so gewollt. Wir sollten sie nicht alle ins selbe Klassenzimmer stecken und gleich machen wollen.»*

*«Die Menschen draußen können froh sein, dass wir ihnen vor der Wahl sagen, was wir nach der Wahl tun.»*

*«Ich sag's mit meinen Worten. Das ist ja immer noch das Recht auch jedes Menschen.»*

# 3. Tugenden einer Kanzlerin

## Gewalttätiges

*«Sie treten allen privaten Organisationen in diesem Lande, die sich mit Entwicklungs- und Umwelthilfe beschäftigen, vor das Schienbein.»*

*«Wo es Bremsklötze gibt, da müssen wir sie niederwalzen.»*

*«Von heute an heißt es: Attacke auf die anderen – Feuer eingestellt auf uns selbst.»*

*«Herr Ströbele und andere schmeißen mit Geschützen …»*

*«Lassen Sie die Schlachten der Vergangenheit ruhen. Die Schlachten sind geschlagen.»*

*«Da tobt sich im Augenblick so eine Ersatzschlacht ab.»*

# Philosophisches

*«Ehrlichkeit wird sofort gleichgesetzt mit einer schlechten Nachricht.»*

*«Ich hab gesagt, ich sag das einfach.»*

*«Da nichts vereinbart ist, bevor nicht alles vereinbart ist, ist auch nichts aufgegeben, bevor nicht alles vereinbart ist.»*

*«Wenn wir Nachhaltigkeit in unserem Land richtig machen wollen, dann müssen wir eben fähig sein zum neuen Denken.»*

*«Der Mensch ist nicht das Maß aller Dinge!»*

*«Es gibt ein Leben aus dem, was immer gilt!»*

*«Verantwortung ist etwas Gutes, denn sie gibt einem die Möglichkeit zu gestalten.»*

*«Worte und Taten müssen in der Politik zusammenpassen.»*

*«Es gilt das, was gilt.»*

*«Der kreative Imperativ spiegelt sich wider in der Frage, wie innovativ wir sind.»*

*«Niemand kann uns dabei hindern außer uns selbst.»*

*«Den goldenen Weg, dass man die Probleme sozusagen mit einem goldenen Federstrich erschlägt, den gibt es nicht.»*

*«Wir stehen vor einer Aufgabe, die mindestens die Quadratur des Kreises, wenn nicht die Kugelmachung des Würfels bedeutet.»*

*«Ja, auf abstrakter … auf abstrakter Ebene konkretisieren ist natürlich eine, ähm … Ich könnte mal versuchen, es auf abstrakter Ebene auszuführen.»*

*«Die Diplomatie ist der Weg, auf dem wir gehen.»*

*«Wir brauchen ein Klima, das von Gegenseitigkeit geprägt ist.»*

*«Es bleibt ein Kompromiss, keine Frage. Das ist die Natur von Kompromissen.»*

*«Macht ist in einer Demokratie notwendig, um etwas zu gestalten.»*

*«Wir müssen Prinzipien anwenden und nicht Prinzipien anwenden und heilige Kühe durcheinanderbringen.»*

*«Niemand wollte Soldaten in Stadien.»*

*«Meine Damen und Herren, wir haben ein Herz für Schwache …»*

*«Wie offen sie miteinander singen, das zeigt doch, dass unser Leben noch schöne Seiten hat.»*

*«... weil Vertrauen so etwas ist wie der Schmierstoff unserer Demokratie.»*

## Musikalisches

*«Die Sternsinger, die bringen nicht nur Farbe ins Haus, das zeigen eure wunderbaren Kostüme, sondern die bringen Musik ins Haus, das haben wir eben gesehen, und dazu noch Bewegung. Das war eine besonders gute Kombination.»*

*«Ich fühle mich daran erinnert, dass es wunderbare Musik ist.»*

*(über «Tristan und Isolde»)*

*«Was bei mir ziemlich schwach ausgeprägt ist – und ich glaube, das gilt leider allgemein bei den Deutschen –, das ist die Textkenntnis.»*

*(über die Qualität ihrer Sangeskunst)*

*«In den Ohren jenseits der Mauer, da klang er wie Musik.»*

*(über Willy Brandts Satz: «Lassen Sie uns mehr Demokratie wagen.»)*

# Nützliches

*«Wir brauchen einfache und bequeme Sachen, die dem gesunden Menschenverstand einleuchten.»*

*«Allein mit SMS kann man heute auch nicht mehr überleben. Auch das muss ich noch lernen.»*

*«Es ist immer am besten, die stärksten Leute um sich zu scharen und wirken zu lassen.»*

*«… und deshalb bitte ich Sie, Sie, die 1001 Delegierten: Fahren Sie nach Hause!»*

*«Ich empfehle eine Versachlichung der Debatte und ein Lesen des gesamten Interviews.»*

*«Dann müssen wir halt besser sein als Inder, Chinesen und andere Europäer.»*

*«Man muss aufpassen, dass man die Welt nicht nur aus dem Dienstwagen kennt.»*

*«Wir dürfen uns jetzt nicht ins Hinterzimmer der Gemütlichkeit zurückziehen.»*

*«Das zukünftige Dosenpfand wird für den Verbraucher sehr angenehm werden.»*

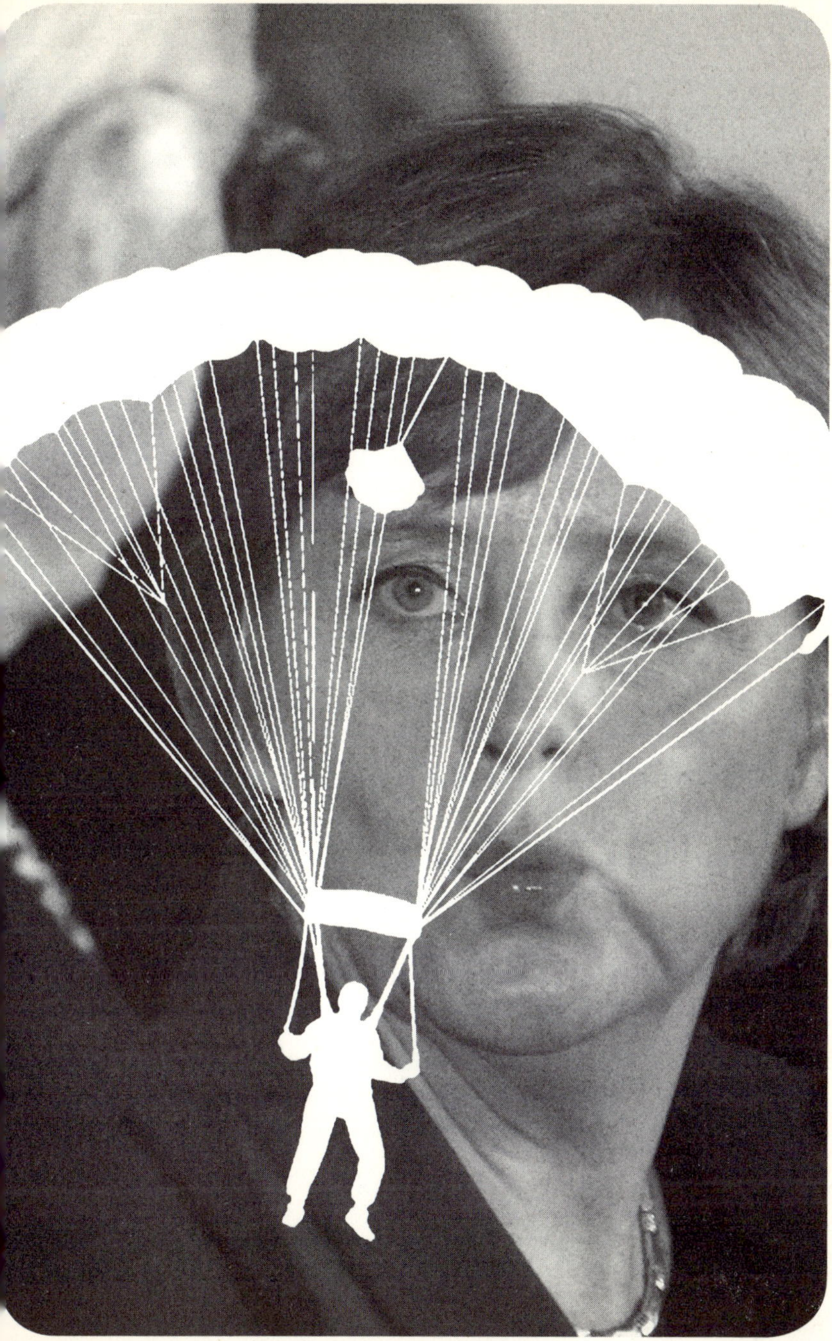

## Kommunikatives

*«Sie sollten sich einmal die Freude machen, die Reden Ihres Bundesinnenministers und anschließend die Kommentierung durch die Bundesjustizministerin im öffentlichen Radio sowie das Herumeiern über die Frage zu hören, ob man nun Fingerabdrücke in Pässen braucht. Da haben wir eine ganz klare Haltung.»*

*«Sie denken von Tag zu Tag und dazu noch im Zickzackkurs.»*

*«Wir haben gestern ein sehr gutes Gespräch gehabt, von dem ich glaube, dass das Signal der Einigkeit auch sehr eindeutig ist.»*

*«Geeinigt haben wir uns heute endgültig auf noch gar nichts.»*

*«Wir gucken, wo gibt's Gemeinsamkeiten. Die gibt's.»*

*«Deshalb heißt die Aufgabe, Sprachlosigkeit zu überwinden, insbesondere, wenn wir mit Kindern und Jugendlichen sprechen.»*

*«Ich finde auch, dass kommunikativ zum Teil erhebliche Fehler gemacht werden.»*

*«Ich wundere mich, dass Sie es nach dem Gegacker des Wochenendes im Blätterwald überhaupt noch wagen, uns wegen kleiner Unterschiede in zwei Parteien überhaupt anzusprechen.»*

*«Auch das Wochenende hat uns ja nun wieder diverse Meinungen aus dem Regierungslager entgegengebracht.»*

*«Wir werden den Ball versenken.»*

*«Wer von mir ein Machtwort in der Torwartfrage erwartet, den muss ich auch enttäuschen. Am Ende kann es immer nur eine Nummer eins geben.»*

*«1974 waren wir Weltmeister. 1990 – 16 Jahre später – waren wir wieder Weltmeister, und 2006 – wieder 16 Jahre später – findet die Weltmeisterschaft in Deutschland statt.»*

*«Die Frauenfußball-Nationalmannschaft ist ja schon Fußball-Weltmeister, und ich sehe keinen Grund, warum Männer nicht das Gleiche leisten können wie Frauen.»*

*«Vergessen wir nicht: Deutschland war immer eine Turniermannschaft.»*

*«Ich bin überzeugt, dass Jürgen Klinsmann und sein Team auf dem richtigen Weg sind.»*

*«Wir alle wollen natürlich 2006 Fußball-Weltmeister werden.»*

*«Ich denke, das Spiel ist offen. Aber es wird schwer, denn die Räume sind ja oft sehr eng.»*

(Schlusswort zum Finale der Fußball-WM 2006)

*«Wenn man einmal überlegt, was für eine Bedeutung Fußball für Familien und Freundschaften hat, dann kann man schon sagen, dass er zutiefst unsere Gesellschaft prägt.»*

*«Mich fasziniert, dass es spannend bis zur letzten Minute ist. Das fasziniert mich ja auch an der Politik.»*

*«Auch die ganze Bundesliga hängt zusammen, aber einer hat die rote Laterne!»*

*«Ich vergebe allerdings keine Karten.»*

*(nachdem sie die Teilnehmer der Münchner Konferenz für Sicherheitspolitik zur Fußball-Weltmeisterschaft eingeladen hat)*

*«Die Trockenschwimmübungen liegen wirklich hinter uns.»*

*«Wir dürfen deutschen Unternehmen, die im internationalen Wettbewerb stehen, nicht immer noch Bleigewichte auf die Schultern packen, während die Konkurrenz in perfekter Sprinter-Ausrüstung antritt.»*

# 4. Was Angela sonst noch zu sagen hat ...

## Kurioses

*«Wir müssen die Weichen nach oben stellen!»*

*«Wer mit der Schwerkraft nicht so richtig klarkommt, kann dann eine Pflanze lernen.»*

*«… da könnte es sein, dass die Bestückung von Biergärten mit Sonnenschirmen ein wenig zurücktreten muss.»*

*«Wir wissen, wir haben dicke Bretter zu bohren …»*

*«Die Möhre, wie geht das?»*

*«Ich gehe davon aus, dass die Zahl der Nebenbemerkungen weiter sinkt.»*

*«Nach Rasen für die Rente nunmehr Rauchen für die Gesundheit.»*

*«Heimatliebe ist mehr als eine Spreewaldgurke.»*

*«Der Staat muss Gärtner sein und darf nicht Zaun sein.»*

*«Den Bock zum Gärtner zu machen, kann von der Union niemand verlangen.»*

*«Richtig ist, dass der Kanzler vor mir lag und dass ich vor dem Kanzler lag.»*

## Deutsches

*«Man darf hier auch keine schwarzen Männer an die Wand malen, die nur ganz Deutschland verrückt machen.»*

*«Ich glaube, wir brauchen Deutschland jetzt nicht schlecht zu reden, weil es viele gute Seiten gibt.»*

*«Es gibt in Deutschland eine unglaubliche Sehnsucht nach Orientierung.»*

*«Zum Zweiten verstehe ich ehrlich gesagt die Diskussion in Deutschland auch nur mangelhaft.»*

*«Lassen Sie uns heute aber nicht zuerst mit denSchwierigkeiten unseres Landes beginnen. Lassen Sie uns anders beginnen. Mit dem Klang dieses Landes.»*

*«Deutschland ist das Land der Ideen. Aber von unseren Ideen leben, das können wir nur, wenn wir sie auch in die Tat umsetzen. Überraschen wir uns damit, dass es möglich ist! Fangen wir einfach an – ab morgen früh.»*

*«Wir wollen anknüpfen an die großen Zeiten unseres Landes, in dem das Auto, der Computer und das Aspirin erfunden wurden.»*

*«Unser Land hat genug vom Wettbewerb der Egoisten.»*

*«Auch heute steht unser Land an einer entscheidenden Weggabelung.»*

*«Die Mehrheit dieses Landes hat weder 1949 noch 1959, noch 1969, noch 1979 mit Steinen geworfen. Das ist die Realität.»*

*«Ich denke an dichte Fenster! Kein anderes Land kann so dichte und so schöne Fenster bauen.»*

*«Also, die zweite Frage habe ich nicht verstanden, ich antworte erst mal auf die erste.»*

*«Sie spielen seit Tagen in der Öffentlichkeit mit der Frage eines Untersuchungsausschusses.»*

*«Darum gibt es in vielen Fragen einen Kompromiss-Korridor.»*

# Tierisches

*«Bedeutet Patriotismus, wie ein Karnickel auf die Schlange zu starren?»*

*«Es ist wieder ein Teil dessen, dass jeden Tag eine neue Sau durchs Dorf gejagt wird. Die Menschen haben das statt.»*

*«Ja, meine Güte, eine Schnecke kann auch in die richtige Richtung kriechen. Aber was wir in Deutschland brauchen, ist nicht eine Schneckenspur, sondern ist ein Sprung nach vorne.»*

*«Ansonsten werden der Krake des Terrors, der Krake der Angst die Menschen handlungsunfähig machen.»*

*«Alles in einem Paket, damit Sie nicht jeden Tag eine andere Sau durchs Dorf treiben müssen.»*

*«Ich denke an bestimmte Vögel, z. B. an Kraniche, Köche, Störche.»*

*«Begriffe, Begriffe. Wie ein Hamster im Laufrad!»*

*«Wer die Eier haben will, muss das Gegacker der Hennen ertragen.»*

*«Sagen Sie doch den Menschen, dass man Kühe nicht so schnell abstellen kann.»*

# Zeitliches

*«Bis zum Sommer heißt aber nicht vor Ostern, sondern insbesondere in diesem Jahr, wo der Winter ja sehr schwer geht, heißt bis zum Sommer nicht vor Ostern.»*

*«1999 lag vor dem 11. September des Jahres 2001.»*

*«Die hundert Tage haben mich eingehend motiviert, dass ich den nächsten hundert Tagen freudig entgegensehen werde.»*

*«Im Verlaufe des Tages wird auch Michael Glos zu uns kommen. Auch ihn begrüße ich schon in sozusagen voraussehender Zukunft.»*

*«Deshalb werden auch harte Stunden vor uns stehen ...»*

*«Bitte ein kleines bisschen Ehrfurcht vor denen, die Stunden und Aberstunden überlegt haben, wie sie Deutschland nach vorne bringen.»*

*«130 Tage nach Regierungsbeginn kann man noch ruhig zuhören.»*

*«Ich kenne Sie: In einem halben Jahr werden Sie sagen, Sie hätten ja nicht gesagt, ab welchem Freitag es wieder aufwärts gehen soll.»*

*«Uns alle in diesem Hause eint, dass wir nicht wissen, wie die Welt im Jahre 2010 aussieht.»*

*«Natürlich will ich diese Analyse auf den Sankt-Nimmerleins-Tag verschieben.»*

## Territoriales

*«Ich will, dass Mecklenburg-Vorpommern das Bayern des Ostens wird.»*

*«Die Bayern sind nicht so schlau, als dass die Sachsen nicht ganz knapp hintendran wären.»*

*«Unsere eine Welt ist eine überschaubare Welt, und wir leben gemeinsam.»*

*«Zumindest diejenigen Abgeordneten wissen das, die Wahlkreise haben, in denen es einen Fluss oder eine Wiese gibt.»*

*«Wissen Sie, bei 4600 Einwohnern ist das bei mir schon eine Stadt. Wenn Sie das Dorf nennen, ist das Ihre Sache.»*

*«Der Osten ist auch nicht der Osten, und außerdem: Ich möchte Kanzlerin aller Deutschen sein.»*

## Bonusmaterial:

## Das sagen Angelas Kollegen

*«Ich halte was davon, wenn Herr Stoiber heute laut ‹Handelsblatt› erklärt, er halte überhaupt nichts davon, wenn ich gestern erklärte: Das sind Zahnlücken von Frau Merkel, das sind nicht unsere.»*

*(Franz Müntefering, Arbeitsminister und Vizekanzler)*

*«Der Angela Merkel ist doch noch nichts in den Schoß gefallen, außer ihren Mundwinkeln.»*

*(Christof Sonntag, Kabarettist)*

*«Wir haben Frau Merkel täglich im Ohr.»*

*(Wolfgang Wieland, Ex-Justizminister von Berlin)*

*«Sie ist Vorsitzende der CDU/CSU-Fraktion.»*

*(Franz Müntefering auf die Frage, was die CDU-Vorsitzende Angela Merkel aus Sicht der SPD als Bundeskanzlerin qualifiziere)*

*«Sie sagt, sie möchte Bundeskanzlerin werden. Ich mein, wir müssen die Kirche doch auch mal im Dorf lassen.»*

(Gerhard Schröder, Altbundeskanzler)

*«Die Partei hat sie sehr wohl im Griff. Aber anscheinend ist es manchmal schwieriger, alle Männer im Griff zu haben.»*

(Günter Nooke, CDU)

*«Und jetzt – das ist unsere Position, nie haben wir etwas anderes gesagt – wenn wir im September die Mehrheit bekommen, dann kann ich nur sagen – und deckungsgleich … äh … Herr Merz … äh… äh … Frau … äh … äh … Frau Merkel oder ich oder wer auch immer, das ist die Position von CDU/CSU …»*

(Edmund Stoiber, Ministerpräsident in Bayern)

*«Wenn man sie auf den Kopf stellt, dann lächelt sie sogar richtig überzeugend.»*

(Wiglaf Droste, Autor und Journalist)

*«Sehr geehrte Frau Merkel, es ist schön, dass Sie in den letzten vier Jahren dazugelernt haben.»*

(Hans Eichel, Ex-Finanzminister)

*«Liebe Frau Dr. Merkel, Sie sind damit die erste demokratisch gewählte Regierungschefin in Deutschland. Das ist ein starkes Signal für viele Frauen und für manche Männer sicherlich auch.»*

(Norbert Lammert, Bundestagspräsident)

*«Die Bundeskanzlerin hat ein hohes Ansehen, weil sie im Wesentlichen außenpolitische Termine wahrgenommen hat.»*

(Peter Struck, Fraktionsvorsitzender der SPD)

*«Frau Merkel, gegenwärtig kommen Sie mir vor wie ein wunderbar anzuschauendes Soufflé im Ofen. Wir werden mal sehen, in den letzten drei Wochen, wenn da die Souveränin und der Souverän reinpikst, was von der Größe noch übrig bleibt.»*

(Joschka Fischer, Ex-Außenminister)

*«Frau Merkel, Ihr Stiefvater, Herr Adenauer, würde Sie enterben, wenn er das, was Sie heute hier aufführen, noch erleben müsste.»*
(Petra Pau, Linkspartei)

*«Die Lage ist so schwierig geworden, dass eine Frau ranmuss.»*
(Michael Glos, Wirtschaftsminister)

*«Frau Bundeskanzlerin, Sie sind eine Frau!»*
(Gregor Gysi, Vorsitzender der Linkspartei)

*«Wir haben eine Frau als Bundeskanzlerin.»*
(Horst Seehofer, Verbraucherschutzminister)

*«Wenn die Frau Merkel ein Klinsmann ist, dann ist der Stoiber der Jogi Löw.»*
(Wolfgang Schäuble, Innenminister)

*«Die hat von Kohl über Schäuble bis Merz immerhin die halbe CDU-Führungsriege hingemeuchelt. So eine brauchen wir.»*
(Basilius Streithofen, CDU-naher Dominikanerpater, über Angela Merkel)

*«Wir lassen uns natürlich nicht verprügeln von Merkel und Stoiber und von Söder schon gar nicht.»*

(Gerhard Schröder, Altbundeskanzler)

*«Merkel wird eingemauert von Männern, die alles im Kopf haben, nur nicht den Erfolg ihrer Kanzlerschaft.»*

(Guido Westerwelle, Vorsitzender der FDP)

*«Als sie vor einem Jahr drankam, da waren wir schon euphorisiert. Inzwischen ist aber deutliche Ernüchterung eingekehrt.»*

(Alice Schwarzer, Frauenrechtlerin)

*«Aber Frau Merkel ist wohl vollauf damit beschäftigt, als Platzanweiserin die zerstrittenen Granden ihrer Partei zu platzieren.»*

(Peter Struck, Fraktionsvorsitzender der SPD)

*«Ich denke, dass Frau Merkel sich wieder einmal als Meisterin der Fassadeninszenierung zeigt.»*

(Claudia Roth, Vorsitzende Bündnis 90/ Die Grünen)

*«Es wäre falsch verstandene Koalitionsarbeit, wenn die SPD sich täglich darüber Gedanken machen würde, wie sie Frau Merkel vom Sockel holen kann.»*

*(Klaus Wowereit, Bürgermeister von Berlin)*

*«Jamaika ist keine Option. Können Sie sich Angela Merkel oder Edmund Stoiber mit Dreadlocks vorstellen?»*

*(Joschka Fischer, Ex-Außenminister)*

*«Es wäre eigentlich höchste Zeit gewesen, dass Frau Merkel Leute wie Herrn Beckstein mal aufs Töpfchen setzt.»*

*(Krista Sager, MdB, Bündnis 90/Die Grünen)*

*«Sie macht einen Granatenfehler nach dem anderen.»*

*(Otto Graf Lambsdorff, FDP, über Angela Merkel)*

*«Jetzt kommt Frau Merkel aus dem Quark!»*

*(Joachim Poß, SPD-Politiker)*

*«Es geht nicht darum, am Lack von Frau Merkel zu kratzen. Das würde Streit säen, der keiner Seite nützen würde.»*

(Klaus Wowereit, Bürgermeister von Berlin)

*«Frau Merkel, wenn Sie sich hier noch einmal als Hintze kostümiert hinstellen, holen wir Ihr altes Ökosteuerkonzept aus den Schubladen meines Ministeriums.»*

(Jürgen Trittin, Ex-Umweltminister)

*«Ich kann mir nicht vorstellen, dass sich ausgerechnet der bayerische Ministerpräsident von Frau Merkel die Lederhosen ausziehen lässt.»*

(Oskar Lafontaine, Linkspartei)

*«Bisher waren in Deutschland nur Männer Bundeskanzler, und es ist fraglich, ob das Land reif für eine Frau in dieser Position ist. Insofern wäre die Wahl von Angela Merkel ein guter Kompromiss.»*

(Ove Lieh, Satiremagazin «Eulenspiegel»)

*«Sie haben sich hier, Frau Merkel, etwas apokryph geäußert.»*

(Joschka Fischer, Ex-Außenminister)

*«Der Volker Rühe ist ein guter Mann, die Angela Merkel ist auch ein guter Mann.»*

(Norbert Blüm, Ex-Arbeitsminister)

*«Frau Merkel ist eine ernsthafte Herausforderin. Sie hat in ihrer Partei bewiesen, dass sie sich durchsetzen kann. Damit hat sie den gleichen Anspruch, ernst genommen zu werden, wie ein Mann auch.»*

(Gerhard Schröder, Altbundeskanzler)

*«Sie ist offensichtlich eine Verlegenheitspatriotin.»*

(Klaus Uwe Benneter, Ex-Generalsekretär der SPD)

*«Die Zeit der roten Teppiche, so hab ich das genannt, ist für Frau Merkel vorbei. Auch sie muss in der Innenpolitik stehen.»*

(Peter Struck, Fraktionsvorsitzender der SPD)

*«Es ist leichter, einen Pudding an die Wand zu nageln, als von Frau Merkel mal 'ne klare Position zu bekommen.»*

(Reinhard Bütikofer, Vorsitzender von Bündnis 90/Die Grünen)

*«Bei Angela Merkel habe ich immer noch die Hoffnung, dass sie die Perücke abnimmt – und es ist doch Hape Kerkeling!»*

(Kalle Pohl, Moderator)

*«Die Frau Merkel ist eben ein Reformmotor, der vorausprescht.»*

(Horst Seehofer, Verbraucherschutzminister)

*«Angela Merkel ist die geduldige Jägerin der balzenden Auerhähne.»*

(Michael Glos, Wirtschaftsminister)

*«Angela, die Eisenharte, hat sich verwandelt in Angie, das Angorakätzchen.»*

(Reinhard Bütikofer, Vorsitzender von Bündnis 90/Die Grünen)

*«Viele Hennen gackern, die Hähne gackern noch lauter, und die Obermutter Merkel hat viel zu tun, sie zusammenzuhalten.»*

(Klaus Brandner, SPD)

*«Wir können der neu nominierten Kanzlerkandidatin der Union herzlich unsere geradlinige Gegnerschaft und einen engagierten Wahlkampf versprechen.»*

(Reinhard Bütikofer, Vorsitzender von Bündnis 90/Die Grünen)

*«Schweigen und lächeln im Wahlkampf, Frau Merkel, das reicht nicht aus.»*

(Claudia Roth, Vorsitzende Bündnis 90/ Die Grünen)

*«Nach Florida-Rolf kommt Kirschkuchen-Angela: keine Rezepte, aber mitessen wollen.»*

(Alexander Bonde, Bündnis 90/Die Grünen)

*«Die SPD war der Türöffner für die unsoziale Politik, durch die jetzt Herr Kauder mit Frau Merkel Arm in Arm durchgeht.»*

(Klaus Ernst, Linkspartei)

*«Die ranzulassen hieße nun wirklich, den Bock zum Gärtner zu machen.»*

(Gerhard Schröder, Altbundeskanzler)

*«Bei allem Bemühen von Bundeskanzlerin Angela Merkel, die gute Fee in der großen Koalition des kleinsten gemeinsamen Nenners zu spielen, sollte die CDU ihre bis zur Bundestagswahl engagiert vorgetragenen Positionen jetzt stärker durchsetzen.»*

(Rainer Brüderle, FDP)

*«Eine geschiedene, kinderlose Ostdeutsche und ein schwuler Liberaler an der Spitze von Union und FDP – das wäre ohne Rot-Grün nicht möglich gewesen.»*

(Daniel Cohn-Bendit, EU-Abgeordneter, Bündnis 90/Die Grünen)

*«Frau Merkel, als Letztes zum Thema Energiemarkt möchte ich noch eine Bitte äußern: Setzen Sie dem Handkuss von Jacques Chirac klare Worte entgegen.»*

(Rainder Steenblock, Bündnis 90/Die Grünen)